UNA EXPLICACIÓN SIMPLE DEL BAUTISMO

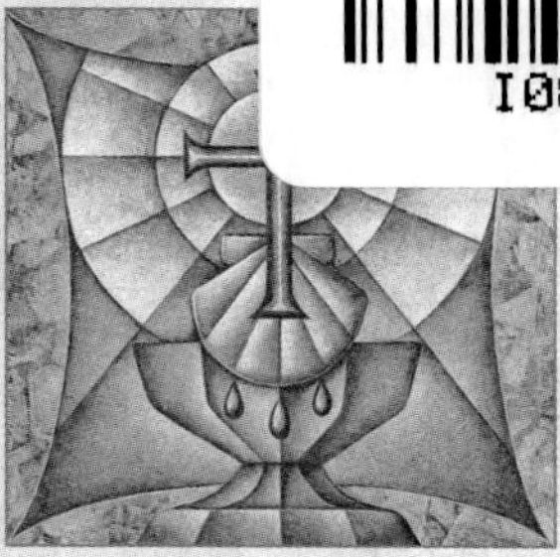

CONCORDIA PUBLISHING HOUSE • SAINT LOUIS

Copyright © 2025 Concordia Publishing House
3558 S. Jefferson Ave.
St. Louis, MO 63118
1-800-325-3040 • cph.org

Impreso en los Estados Unidos

1 2 3 4 5 6 7 8 9 10 34 33 32 31 30 29 28 27 26 25

LA NATURALEZA DEL BAUTISMO

¿Qué es el Bautismo?

El Bautismo no es simple agua solamente, sino que es agua comprendida en el mandato divino y ligada con la Palabra de Dios.

¿Dónde encontramos esta Palabra de Dios?

Mientras se preparaba para ascender de nuevo al cielo, Jesús dijo:

> *Por tanto, vayan y hagan discípulos en todas las naciones, y bautícenlos en el nombre del Padre, y del Hijo, y del Espíritu Santo. (Mateo 28:19)*

El Bautismo es de Dios, ya que nuestro Señor Jesús instituyó el Bautismo, uniendo el agua con la Palabra de Dios y su nombre trino. Así Dios nos convierte en hijos y discípulos amados.

¿Qué significa tener un apellido? ¿Qué significa que Dios nos ponga su nombre en el Bautismo?

Lee Mateo 3:13–17. ¿Cómo están las tres personas de la Trinidad presentes y activas en el Bautismo de Jesús? ¿Cómo su Bautismo nos ayuda a entender la obra del Padre, el Hijo y el Espíritu Santo en nuestro Bautismo?

Como cristianos, ¡somos el pueblo bautizado de Dios! Somos sus hijos adoptivos, junto con todos los creyentes, y vivimos y morimos con la confianza de que él nos ha redimido y de que somos suyos.

¿Cómo responden las personas la pregunta "¿Quién soy?"? ¿Cómo me ayuda el Bautismo a responder a esa pregunta?

¿Qué significa la palabra *bautizar*?

Bautizar generalmente significa "lavar con agua", bien sea por inmersión, derramamiento o aspersión. El Bautismo cristiano se refiere a lavar con agua en el nombre del Padre, el Hijo y el Espíritu Santo, de acuerdo con la institución de Cristo.

> *Cuando vuelven del mercado, no comen si antes no se lavan [literalmente, "se bautizan"]. Y conservan también muchas otras tradiciones, como el lavar [literalmente, "el bautizar"] los vasos en que beben, los jarros, los utensilios de metal, y las camas. (Marcos 7:4)*

¿Qué tiene de diferente el agua del Bautismo?

El agua en sí misma no es diferente ni más santa que cualquier otra agua, "sino porque la palabra y el mandamiento de Dios se le agregan", es un agua "santificada" (Catecismo Mayor, parte IV, párrafo 14).

> *Cristo amó a la iglesia, y se entregó a sí mismo por ella, para santificarla. Él la purificó en el lavamiento del agua por la palabra. (Efesios 5:25–26)*

¿Quién instituyó el Santo Bautismo?

Nuestro Señor Jesucristo, después de su muerte y resurrección, le ordenó a su iglesia que bautizara a todas las naciones.

Por tanto, vayan y hagan discípulos en todas las naciones, y bautícenlos en el nombre del Padre, y del Hijo, y del Espíritu Santo. Enséñenles a cumplir todas las cosas que les he mandado. Y yo estaré con ustedes todos los días, hasta el fin del mundo. Amén. (Mateo 28:19–20)

¿Qué significa bautizar "en el nombre del Padre, y del Hijo, y del Espíritu Santo"?

"Ser bautizado en nombre de Dios significa ser bautizado por Dios mismo y no por hombre. Por lo tanto, aun cuando el bautismo se realice por mando de hombre, se trata, en realidad, de una obra de Dios mismo" (Catecismo Mayor, parte IV, párrafo 10). En el Bautismo, Dios nos pone su nombre salvador y está verdaderamente presente para bendecirnos con todos sus dones, como sus hijos y herederos.

"De esta manera bendecirán a los hijos de Israel. Les dirán: '¡Que el Señor te bendiga, y te cuide! ¡Que el Señor haga resplandecer su rostro sobre ti, y tenga de ti misericordia! ¡Que el Señor alce su rostro sobre ti, y ponga en ti paz!' De esta manera invocarán ellos mi nombre sobre los

hijos de Israel, y yo los bendeciré." (Números 6:23–27)

¿Quién debe bautizar?

Normalmente, los pastores —los ministros llamados de Cristo— deben bautizar, pero en una emergencia, cuando no haya un pastor disponible, cualquier cristiano debería bautizar.

Todos deben considerarnos servidores de Cristo y administradores de los misterios de Dios. (1 Corintios 4:1)

Nota: Para una forma corta de Bautismo en caso de emergencia (es decir, cuando la muerte sea inminente), ver las últimas páginas de este folleto.

¿A quién se refiere Jesús cuando dice que "todas las naciones" deben ser bautizadas?

"Todas las naciones" se refiere a todas las personas que están fuera de la iglesia, sin importar edad, sexo, origen étnico, etc.

¿Por qué deben ser bautizados también los bebés?

Los bebés están incluidos en las palabras "todas las naciones" (Mateo 28:19).

Arrepiéntanse, y bautícense todos ustedes en el nombre de Jesucristo, para que sus pecados les sean perdonados. Entonces recibirán el don del Espíritu Santo. Porque la promesa es para ustedes y para sus hijos, para todos los que están lejos, y para todos aquellos a quienes el Señor nuestro Dios llame. (Hechos 2:38–39)

En Hechos 16:13–15, 25–34 y 1 Corintios 1:16, los apóstoles bautizaban casas enteras, lo cual probablemente incluía a los hijos.

Los bebés son pecadores y necesitan lo que el Bautismo promete: el perdón de los pecados y el don del Espíritu Santo.

¡Mírame! ¡Yo fui formado en la maldad! ¡Mi madre me concibió en pecado! (Salmo 51:5)

Por tanto, como el pecado entró en el mundo por un solo hombre, y por medio del pecado entró la muerte, así la muerte pasó a todos los hombres, por cuanto todos pecaron. . . . Así que, como por la transgresión de uno solo vino la condenación a todos los hombres, de la misma manera por la justicia de uno solo vino la justificación de vida a todos los hombres. Porque así como por la desobediencia de un solo hombre muchos fueron constituidos pecadores, así también por la obediencia de uno solo muchos serán constituidos justos. (Romanos 5:12, 18–19)

De cierto, de cierto te digo, que el que no nace de agua y del Espíritu, no puede entrar en el reino de Dios. Lo que nace de la carne, carne es; y lo que nace del Espíritu, espíritu es. (Juan 3:5–6)

El Espíritu Santo puede obrar fe en los bebés.

Eres tú quien me infundió confianza desde que era un niño de pecho. Antes de nacer fui puesto a tu cuidado; aun estaba yo en el vientre de mi madre, y tú eras ya mi Dios. (Salmo 22:9–10)

Tú, Señor mi Dios, eres mi esperanza; tú me has dado seguridad desde mi juventud. Desde el vientre de mi madre me has sostenido; ¡tú me sacaste de las entrañas de mi madre, y para ti será siempre mi alabanza! (Salmo 71:5–6)

A cualquiera que haga tropezar a alguno de estos pequeños que creen en mí, más le valdría que le colgaran al cuello una piedra de molino, y que lo hundieran en el fondo del mar. (Mateo 18:6)

Y Jesús les dijo: "Lo oigo. *¿Acaso ustedes nunca leyeron: 'De la boca de los niños y de los que maman perfeccionaste la alabanza?'" (Mateo 21:16)*

Lee Lucas 1:13–17, 39–45; 10:21; y 18:16. Como niño no nacido, Juan fue lleno del Espíritu Santo y creyó. Las palabras griegas usadas en Lucas 10 y 18 son inequívocamente claras; Jesús se regocija en que el Espíritu Santo dé a conocer el conocimiento salvífico a los bebés lactantes (Lucas 10:21), e invita a los "niños", incluyendo a los bebés, a que se acerquen para ser bendecidos por él (Lucas 18:16).

La fe no se debe confundir con la capacidad intelectual. Quienes argumentan a favor del "bautismo del creyente" y rechazan el Bautismo de bebés (o de quienes tienen graves discapacidades cognitivas) muchas veces sostienen equivocadamente que (1) los bebés no son culpables (ni responsables) del pecado o no pueden cometer acciones pecaminosas; (2) la fe es una decisión humana que los niños no pueden tomar; y (3) el Bautismo es principalmente nuestra promesa a Dios, y no la promesa de Dios hacia nosotros. Ninguna de esas opiniones está basada en la Escritura.

Los padres no les deben negar el Bautismo a sus hijos, así como no les niegan sus otras necesidades vitales. La necesidad del Bautismo, sin embargo, no significa que los niños mortinatos o los que mueren antes de llegar al Bautismo están perdidos. Encomendamos esos niños al misericordioso cuidado de su Creador y Redentor, confiando en su misericordia y amor incluso cuando no entendamos su voluntad o su obra.

¿Qué debo hacer si no tengo certeza de haber sido bautizado?

Si no tienes registro ni conocimiento certero con respecto a tu Bautismo, habla con tu pastor sobre ser bautizado. Él estará encantado de ayudarte porque Dios quiere que tengas la seguridad de las promesas que él te concede mediante el Bautismo.

¿Cuál es la relación entre el Bautismo y la enseñanza?

Jesús relaciona inseparablemente el Bautismo y la enseñanza (Mateo 28:19–20).

Quienes pueden recibir instrucción normalmente son bautizados después de que se les han enseñado los principales artículos de la fe cristiana.

Lee Hechos 2:38–41; 8:26–39; y 16:25–33.

Los bebés y los niños pequeños deben ser bautizados lo más pronto posible y luego instruidos en la fe cristiana en la medida en que puedan recibir instrucción.

¿Por qué la iglesia anima a que haya padrinos de Bautismo?

Los padrinos deben confesar la fe expresada en el Credo Apostólico y enseñada en el Catecismo Menor, ser testigos del Bautismo de los apadrinados (cuando sea posible), orar por ellos, apoyarlos en su continua instrucción y alimentar la fe cristiana y animarlos a la recepción fiel de la Santa Cena. También deben ser ejemplo para ellos de una vida de fe y amor hacia el prójimo.

¿Todos los "bautismos" deben ser reconocidos como válidos?

No. Cuando las palabras y órdenes de Cristo se niegan, se cambian o se ignoran, tal bautismo no puede reconocerse como obra de Cristo. Ningún otro nombre ni título debe ser sustituido por el nombre y las palabras que Cristo nos da (el Padre, el Hijo y el Espíritu Santo). El bautismo de grupos que no confiesan la fe en el Dios Trino tampoco puede ser reconocido como Bautismo cristiano, sin importar qué palabras usen en el bautismo.

En las iglesias cristianas, donde el Bautismo es administrado de acuerdo con la institución de Cristo (usando el agua y sus palabras "en el nombre del Padre y del Hijo y del Espíritu Santo"), allí Cristo cumple su promesa. Dicho Bautismo debe ser reconocido.

Oración

Misericordioso Padre, gracias por el don del Bautismo que tu Hijo ha establecido con su Palabra y su promesa. Enséñanos a atesorar todo lo que Jesús ha hecho por nosotros en su cruz y resurrección. Danos confianza en que mediante nuestro Bautismo llevamos tu santo nombre y por lo tanto somos tus hijos santos ahora y por la eternidad. Por el mismo Jesucristo, nuestro Señor. Amén.

LAS BENDICIONES DEL BAUTISMO

¿Qué dones o beneficios confiere el Bautismo?

El Bautismo confiere perdón de los pecados, redime de la muerte y del diablo y da la salvación eterna a todos los que lo creen, tal como se expresa en las palabras y promesas de Dios.

¿Qué palabras y promesas de Dios son estas?

Son las que nuestro Señor Jesucristo dice en Marcos 16:16: "El que crea y sea bautizado, será salvo; pero el que no crea, será condenado."

El Bautismo es mucho más que una ceremonia religiosa humana. El Bautismo "no es una obra, sino un tesoro que, contenido y ofrecido a nosotros en la Palabra, es recibido por la fe" (Catecismo Mayor, parte IV, párrafo 37).

¿Cuál es el "tesoro" que Dios promete darnos en el Bautismo?

Como cristianos, confesamos: "¡Soy bautizado! Dios promete que, porque he sido lavado con agua, él me ha perdonado y me ha salvado. Puedo confiar en sus promesas."

Dios promete que el Bautismo otorga dones maravillosos: el Espíritu de Dios, su perdón y aceptación hoy y la resurrección y la vida eterna para siempre (Hechos 2:38–39 y Gálatas 5:5).

¿Qué grandes cosas hace Dios mediante el Bautismo?

Dios obra perdón de los pecados.

Y Pedro les dijo: "Arrepiéntanse, y bautícense todos ustedes en el nombre de Jesucristo, para que sus pecados les sean perdonados. Entonces recibirán el don del Espíritu Santo." (Hechos 2:38)

[Ananías le dijo a Pablo:] ¿Qué esperas, entonces? ¡Levántate y bautízate, e invoca su nombre, para que quedes limpio de tus pecados! (Hechos 22:16)

Dios rescata de la muerte y el diablo.

¿No saben ustedes que todos los que fuimos bautizados en Cristo Jesús, fuimos bautizados en su muerte? Porque por el bautismo fuimos sepultados con él en su muerte, para que así como Cristo resucitó de los muertos por la gloria del Padre, así también nosotros vivamos una vida nueva. Porque si nos hemos unido a Cristo en su muerte, así también nos uniremos a él en su resurrección. (Romanos 6:3–5)

Y que también nos ha librado del poder de la oscuridad y nos ha trasladado al reino de su amado Hijo, en quien tenemos redención por su sangre, el perdón de los pecados. (Colosenses 1:13–14)

En él ustedes fueron también circuncidados. Pero no me refiero a la circuncisión física, sino a la circuncisión que nos hace Cristo, y que consiste en despojarnos de la naturaleza pecaminosa. Cuando ustedes fueron bautizados, fueron también sepultados con él, pero al mismo tiempo resucitaron con él, por la fe en el poder de Dios, que lo levantó de los muertos. (Colosenses 2:11–12)

Dios da salvación eterna.

Todo esto es símbolo del bautismo (el cual no consiste en lavar las impurezas del cuerpo sino en el compromiso ante Dios de tener una buena conciencia) que ahora nos salva por la resurrección de Jesucristo. (1 Pedro 3:21)

[Dios] nos salvó, y no por obras de justicia que nosotros hubiéramos hecho, sino por su misericordia, por el lavamiento de la regeneración y por la renovación en el Espíritu Santo, el cual derramó en nosotros abundantemente por Jesucristo, nuestro Salvador, para que al ser justificados por su gracia viniéramos a ser herederos conforme a la esperanza de la vida eterna. (Tito 3:5–7)

Si Cristo ya ha ganado perdón completo y salvación para nosotros, ¿por qué necesitamos el Bautismo?

Cristo, en efecto, expió los pecados de todo el mundo (1 Juan 2:2), reconciliando al mundo consigo mismo (2 Corintios 5:18–19). Mediante el Bautismo, él nos da personalmente el perdón de los pecados que adquirió para toda la humanidad. Como tal, el Bautismo es un Medio de Gracia (Tito 3:5–7).

Pero ya han sido lavados, ya han sido santificados, ya han sido justificados en el nombre del Señor Jesús, y por el Espíritu de nuestro Dios. (1 Corintios 6:11)

¿A quién le da esas bendiciones el Bautismo?

El Bautismo les da esas bendiciones a todos los que creen en las promesas salvadoras de Dios. La fe no convierte al Bautismo en lo que es, pero es solo mediante la fe que recibimos las bendiciones del Bautismo.

Porque la promesa es para ustedes y para sus hijos, para todos los que están lejos, y para todos aquellos a quienes el Señor nuestro Dios llame. (Hechos 2:39)

¿Dónde se reciben las bendiciones del Bautismo?

En el Bautismo somos adoptados como hijos de Dios y hechos uno con Cristo e incorporados a su cuerpo, donde continuamos recibiendo todo lo que nuestro Señor le ha prometido a su pueblo santo.

Porque todos ustedes, los que han sido bautizados en Cristo, están revestidos de Cristo. Ya no hay judío ni griego; no hay esclavo ni libre; no hay varón ni mujer, sino que todos ustedes son uno en Cristo Jesús. Y si ustedes son de Cristo, ciertamente son linaje de Abrahán y, según la promesa, herederos. (Gálatas 3:27–29)

Porque así como el cuerpo es uno solo, y tiene muchos miembros, pero todos ellos, siendo muchos, conforman un solo cuerpo, así también Cristo es uno solo. Por un solo Espíritu todos fuimos bautizados en un solo cuerpo, tanto los judíos como los no judíos, lo mismo los esclavos que los libres, y a todos se nos dio a beber de un mismo Espíritu. (1 Corintios 12:12–13)

¿Es posible que una persona no bautizada sea salva?

Sí. Solo la incredulidad condena. Antes de la institución del Bautismo, los creyentes del Antiguo Testamento eran salvados mediante la fe en la promesa de Cristo. Los que creen en el evangelio y, sin embargo, mueren antes del Bautismo no son condenados, porque "han nacido de nuevo, no de una simiente perecedera, sino de una simiente imperecedera, por la palabra de Dios que vive y permanece para siempre" (1 Pedro

1:23). No obstante, la fe no menosprecia lo que el Señor promete y otorga en el Bautismo. Los no bautizados no deben demorarse para recibir el Bautismo.

Lee Lucas 23:39–43. Aunque Cristo todavía no había instituido el Bautismo, el ladrón en la cruz fue salvo mediante la palabra de Cristo.

¿Es posible que un bautizado se aparte de la fe y se pierda eternamente?

Sí. Es cierto que las promesas de Dios en el Bautismo permanecen incluso si no las creemos. Sin embargo, todo el que rechace las promesas de Dios y muera en la incredulidad ha abandonado el Bautismo y no recibe lo que Dios ha prometido. Ellos se perderán.

> *Así que, el que crea estar firme, tenga cuidado de no caer. (1 Corintios 10:12)*

> *Las que cayeron sobre las piedras son los que, al oír la palabra, la reciben con gozo, pero como no tienen raíces, creen por algún tiempo, pero al llegar la prueba se apartan. (Lucas 8:13)*

> *Pero el Espíritu dice claramente que, en los últimos tiempos, algunos apostatarán de la fe y escucharán a espíritus engañadores y a doctrinas de demonios. (1 Timoteo 4:1)*

¿Cómo me ayuda el Bautismo en mi vida y en mi muerte?

El Bautismo es la obra de Dios, y lo que él hace es seguro y cierto. Nada es más cierto en todo el universo que el nombre que Dios nos ha puesto en el Bautismo: el nombre por el cual Dios se nos revela. Bautizados en el nombre del Padre y del Hijo y del Espíritu Santo, tenemos el compromiso y la promesa de Dios en el Bautismo de que él ha perdonado nuestros pecados y nos ha librado de la muerte, el infierno y el diablo. En épocas de duda, tentación o fracaso —y especialmente frente a la muerte— podemos con valentía decir: "Soy bautizado en Cristo", y estar seguro de que las consoladoras palabras de Romanos 8:1 son ciertas: "No hay ninguna condenación para los que están unidos a Cristo Jesús."

Oración

Señor Jesucristo, tú has perdonado nuestros pecados por tu sangre, nos has rescatado de Satanás y has ganado para nosotros vida y salvación eternas en tu resurrección. Al otorgarnos esos dones en nuestro Bautismo, concédenos que en la vida y en la muerte siempre nos aferremos a nuestro Bautismo, confiando en tus promesas, y, finalmente, lleguemos a tu reino celestial. Amén.

EL PODER DEL BAUTISMO

¿Cómo puede el agua hacer cosas tan grandes?

El agua en verdad no las hace, sino la Palabra de Dios que está con el agua y unida a ella, y la fe que confía en dicha Palabra de Dios ligada con el agua, porque, sin la Palabra de Dios, el agua es simple agua, y no es Bautismo; pero, con la Palabra de Dios, sí es Bautismo, es decir, es un agua de vida, llena de gracia, y un lavamiento de la regeneración en el Espíritu Santo, como San Pablo dice:

> *Nos salvó, y no por obras de justicia que nosotros hubiéramos hecho, sino por su misericordia, por el lavamiento de la regeneración y por la renovación en el Espíritu Santo, el cual derramó en nosotros abundantemente por Jesucristo, nuestro Salvador, para que al ser justificados por su gracia viniéramos a ser herederos conforme a la esperanza de la vida eterna. . . . Estas cosas son buenas y útiles [para todos]. (Tito 3:5–8)*

¿Escogiste nacer? Cuando la Biblia llama "nacimiento" al Bautismo, ¿cómo te ayuda eso a entender que tu relación con Dios no es algo que escoges por ti mismo, sino un don que él te da?

El Espíritu, la Palabra y el nombre de Dios convierten al Bautismo en más que agua. Es un "baño de regeneración" (Catecismo Mayor, parte IV, párrafo 27) en el cual nuestro Padre celestial nos adopta y nos da la herencia de la vida eterna mediante la fe en su Hijo.

Como cristianos, podemos decir: "soy bautizado —soy lavado— soy hijo y heredero de Dios y heredero del cielo. Mi confianza en estos grandes dones se basa totalmente en la Palabra de Dios y sus promesas."

Tengo tantas fallas y problemas que puedo perder la esperanza. Pero "Dios no miente. . . . la palabra de Dios no puede fallar" (Catecismo Mayor, parte IV, párrafo 57). Él me ha lavado y me ha dejado limpio. Puedo confiar en él. Él me ayudará en todos mis problemas.

Solo vemos agua en el Bautismo. ¿Cómo el agua obra el perdón de los pecados, rescata de la muerte y el diablo y da salvación eterna?

La institución del Bautismo por parte de nuestro Señor pone esas bendiciones en el agua bautismal, y la fe las recibe.

En el Antiguo Testamento, las palabras de Dios le prometieron sanidad a Namán en el agua del Jordán. Cuando Namán creyó en la Palabra de Dios y se lavó en el Jordán, fue limpio de la lepra (2 Reyes 5:1–15).

Ahora, en el Nuevo Testamento, Dios une su Palabra con el agua para que sea instrumento de la obra salvadora de Dios. Para ejemplos, lee Efesios

5:25–26; Gálatas 3:26–27; Colosenses 2:11–15; y Hechos 22:16.

¿Por qué el Bautismo es llamado "el lavamiento de la regeneración y renovación del Espíritu Santo"?

El Espíritu Santo obra en el Bautismo, y por medio de él, para crear fe en Cristo Jesús, adoptándonos como hijos del Padre y convirtiéndonos en nuevas criaturas en Cristo, que ahora viven no de acuerdo con la carne, sino por el Espíritu.

> *Nos salvó, y no por obras de justicia que nosotros hubiéramos hecho, sino por su misericordia, por el lavamiento de la regeneración y por la renovación en el Espíritu Santo, el cual derramó en nosotros abundantemente por Jesucristo, nuestro Salvador, para que al ser justificados por su gracia viniéramos a ser herederos conforme a la esperanza de la vida eterna. Ésta es palabra fiel, y en esto quiero que insistas con firmeza, para que los que creen en Dios procuren ocuparse en las buenas obras. Estas cosas son buenas y útiles a los hombres. (Tito 3:5–8)*

> *De modo que si alguno está en Cristo, ya es una nueva creación; atrás ha quedado lo viejo: ¡ahora ya todo es nuevo! (2 Corintios 5:17)*

Nota el énfasis en la vida de acuerdo al Espíritu y no de acuerdo a la carne (nuestra naturaleza pecaminosa) en Romanos 8:11–17.

¿La fe de un cristiano está en el Bautismo o en Jesús?

Esa es una alternativa falsa; el Bautismo y Jesús no se pueden separar. La fe cristiana es en Jesús y en el Bautismo, porque Jesús ha puesto su Palabra de promesa en el agua. La fe se aferra a Cristo donde él ha prometido estar por nosotros. Confiar en el Bautismo es confiar en Cristo, quien nos salva mediante el lavamiento que ha unido con su Palabra. Como explica Lutero: "El agua en verdad no las hace, sino la palabra de Dios que está con el agua y unida a ella, y la fe que confía en dicha palabra de Dios ligada con el agua."

> *Todo esto [el diluvio de Noé] es símbolo del bautismo (el cual no consiste en lavar las impurezas del cuerpo sino en el compromiso ante Dios de tener una buena conciencia) que ahora nos salva por la resurrección de Jesucristo. (1 Pedro 3:21)*

En la época de la Reforma, había varias opiniones falsas del Bautismo. Los católicos romanos enseñaban que el Bautismo obraba simplemente por la realización del rito, aparte de la fe. Otros (Lutero los llama "nuevos espíritus") enseñaban que el Bautismo era una ceremonia vacía sin poder para otorgar la salvación prometida por la Palabra de Dios. Esas dos falsas enseñanzas están también presentes hoy en día. La respuesta de Lutero en el catecismo hace énfasis tanto en el poder del Bautismo para crear fe como en la necesidad de recibir el Bautismo con fe. (Ver Catecismo Mayor, parte IV, párrafos 28–29.)

¿Debemos buscar un "bautismo del Espíritu Santo" además del Santo Bautismo?

No. El Espíritu Santo obra mediante el único Bautismo instituido por Cristo.

Hay "un solo Bautismo para la remisión de los pecados" (Credo Niceno).

Un Señor, una fe, un bautismo. (Efesios 4:5)

Por un solo Espíritu todos fuimos bautizados en un solo cuerpo. (1 Corintios 12:13)

"Las enseñanzas acerca del bautismo" (Hebreos 6:2) no significa que existan varios bautismos cristianos, sino que el único Bautismo debe distinguirse claramente de los muchos lavamientos religiosos que eran comunes en el mundo antiguo (ver Marcos 7:4). Además, esas iglesias cometen el error de volver a bautizar a una persona que antes fue bautizada adecuadamente cuando era bebé o a una persona que se ha alejado de Cristo y la iglesia y luego regresa. El Bautismo es un acontecimiento singular y Dios nunca anula sus promesas, así que no necesita repetirse.

El Bautismo cristiano no es un bautismo solo de agua ni solo del Espíritu, sino un Bautismo de agua y el Espíritu Santo.

> *Jesús le respondió: "De cierto, de cierto te digo, que el que no nace de agua y del Espíritu, no puede entrar en el reino de Dios." (Juan 3:5)*
>
> *Nos salvó, y no por obras de justicia que nosotros hubiéramos hecho, sino por su misericordia, por el lavamiento de la regeneración y por la renovación en el Espíritu Santo. (Tito 3:5)*
>
> *Pero ya han sido lavados, ya han sido santificados, ya han sido justificados en el nombre del Señor Jesús, y por el Espíritu de nuestro Dios. (1 Corintios 6:11)*

Mateo 3:11 y Hechos 1:4–5 hablan de cuando Juan bautizaba con agua, y Jesús con el Espíritu. Aquí, la diferencia no es entre un "bautismo con agua" y un "bautismo del Espíritu". El Bautismo de Juan daba el perdón de los pecados, pero era en anticipación de la obra salvadora de Jesús y del Bautismo que Cristo instituiría, el cual se recibe hasta el fin de los tiempos. El Bautismo de Cristo es con agua y con el Espíritu Santo, a quien él derramó después de su resurrección (ver Juan 7:39 y Hechos 2).

Las señales especiales otorgadas por el Espíritu Santo no eran otro bautismo, sino que daban testimonio de la verdad y el poder de la predicación de los apóstoles.

> *Las [personas] se mantenían fieles a las enseñanzas de los apóstoles y en el mutuo compañerismo, en el partimiento del pan y en las oraciones. Al ver las muchas maravillas y señales que los apóstoles hacían, todos se llenaban de temor. (Hechos 2:42–43)*

Oración

Oh Dios nuestro Padre, tú nos has salvado mediante el lavamiento de la regeneración y la renovación que has derramado sobre nosotros en nuestro Bautismo en tu Hijo. Te agradecemos por esa agua que da vida, rica en gracia por tu promesa confiable. Siempre danos fe para que confiemos en tu Palabra en el agua de que, justificados por gracia, seguimos siendo herederos de vida eterna. Mediante el mismo Jesucristo, tu Hijo, nuestro Señor. Amén.

LO QUE INDICA EL BAUTISMO

¿Qué significa este bautizar con agua?

Significa que el viejo Adán en nosotros debe ser ahogado por pesar y arrepentimiento diarios, y que debe morir con todos sus pecados y malos deseos; asimismo, también cada día debe surgir y resucitar la nueva persona, que ha de vivir eternamente delante de Dios en justicia y pureza.

¿Dónde está escrito esto?

San Pablo dice en Romanos 6:4:

Porque por el bautismo fuimos sepultados con él en su muerte, para que así como Cristo resucitó de los muertos por la gloria del Padre, así también nosotros vivamos una vida nueva.

¿Cómo tratan de renovarse las personas hoy en día?

El Bautismo abarca la totalidad de nuestra vida como creyentes. Significa morir a todo nuestro egoísmo y pecado y que Dios está convirtiéndonos en personas nuevas.

Como cristianos, confesamos: "Soy bautizado, y ahora tengo una batalla diaria, confesando mis pecados y ahogándolos, y también viviendo una vida nueva de acuerdo con la bondad y el amor de Dios."

El Bautismo le pone el ritmo a nuestra vida diaria como cristianos.

¿Cómo ahogamos nuestros pecados y deseos perversos? ¿En qué tipo de nueva persona ("nuevo hombre") me está convirtiendo Dios?

¿Qué es el viejo Adán?

El viejo Adán (a veces llamado el "viejo hombre" o el "viejo ser") se refiere a nosotros como criaturas caídas. Hemos heredado total y completa corrupción de nuestra naturaleza creada de Adán, que da como resultado la incredulidad y la rebelión contra el Creador.

En cuanto a su pasada manera de vivir, despójense de su vieja naturaleza, la cual está corrompida por los deseos engañosos. (Efesios 4:22)

¿Qué es el nuevo hombre?

El nuevo hombre se refiere a nosotros como criaturas restauradas de Dios en Cristo. Hemos sido unidos con Cristo por el lavamiento de la regeneración, que da como resultado nuevas actitudes, nuevos deseos y nuevas acciones, todo creado por el Espíritu.

De modo que si alguno está en Cristo, ya es una nueva creación; atrás ha quedado lo viejo: ¡ahora ya todo es nuevo! (2 Corintios 5:17)

¿Cómo interactúan el viejo Adán y el nuevo hombre?

Están inmersos en una continua lucha mutua a vida o muerte.

Porque el deseo de la carne se opone al Espíritu, y el del Espíritu se opone a la carne; y éstos se oponen entre sí para que ustedes no hagan lo que quisieran hacer. (Gálatas 5:17)

¿Cómo el Bautismo representa cómo debe ser la vida diaria del cristiano?

En las aguas del Bautismo, hemos sido sepultados y resucitados con Cristo. Por lo tanto, debemos resistir continuamente todo impulso del viejo Adán hasta que se ahogue una vez y para siempre cuando muramos. Al mismo tiempo, continuamente debemos darle rienda suelta al nuevo hombre hasta que resucite en victoria final el último día.

¿No saben ustedes que todos los que fuimos bautizados en Cristo Jesús, fuimos bautizados en su muerte? Porque por el bautismo fuimos sepultados con él en su muerte, para que así como Cristo resucitó de los muertos por la gloria del Padre, así también nosotros vivamos una vida nueva. (Romanos 6:3–4)

Y revístanse de la nueva naturaleza, creada en conformidad con Dios en la justicia y santidad de la verdad. (Efesios 4:24)

Pero con Cristo estoy juntamente crucificado, y ya no vivo yo, sino que Cristo vive en mí; y lo que ahora vivo en la carne, lo vivo en la fe del

Hijo de Dios, el cual me amó y se entregó a sí mismo por mí. (Gálatas 2:20)

Cuando se bautizaba a los niños en la época de Lutero, se los sumergía en el agua y luego se los sacaba, lo cual daba una viva imagen del diario ahogamiento del pecado y la resurrección a la nueva vida que significa (y realmente es) el Bautismo. Lee Colosenses 3:1–10 y nota cómo describe nuestra vida nueva en Cristo. Lutero escribe: "Cuando los cristianos son bautizados, prestan atención al evangelio, leen la Santa Escritura, participan en la Santa Comunión y aman a su prójimo" (*Luther's Works* 22:197).

¿Qué palabras usamos para recordar nuestro Bautismo?

Recordamos nuestro Bautismo con las palabras "en el nombre del Padre, y del Hijo, y del Espíritu Santo" (Mateo 28:19): la invocación trinitaria. Cuando usamos esas palabras en el Servicio Divino o en nuestras oraciones (por ejemplo, en las oraciones de Lutero de la mañana y de la noche), recordamos y confesamos ante el cielo, la tierra y el infierno todo lo que Dios nos ha dado en nuestro Bautismo: "la victoria sobre el demonio y la muerte [Romanos 6:3–6], el perdón de los pecados [Hechos 2:38], la gracia divina [Tito 3:5–6], el Cristo íntegro y el Espíritu Santo con sus dones [1 Corintios 6:11]" (Catecismo Mayor, parte IV, párrafo 41).

La invocación trinitaria puede estar acompañada por la señal de la cruz, hecha en nuestro Bautismo sobre nuestra frente y nuestro corazón para marcarnos como "redimidos por Cristo el crucificado".

¿Cómo usamos nuestro Bautismo de forma correcta?

Usamos nuestro Bautismo de forma correcta cuando vivimos en arrepentimiento y fe en el Dios trino, quien nos ha convertido en sus hijos amados. "Así se ve qué cosa tan elevada y excelente es el Bautismo que nos arranca del pescuezo del diablo, nos da en propiedad a Dios, amortigua y nos quita el pecado, fortalece diariamente al nuevo hombre, siempre queda y permanece hasta que pasemos de esta miseria hacia la gloria eterna" (Catecismo Mayor, parte IV, párrafo 83).

Oración

Padre celestial, tú has perdonado nuestros pecados, nos has rescatado de la muerte y el diablo y nos has dado vida eterna mediante el Bautismo en la muerte y resurrección de tu Hijo amado. Fortalece nuestra fe para que diariamente matemos nuestros pecados y deseos perversos y, confiando en tus promesas seguras, resucitemos a la vida ante ti en justicia y pureza. Finalmente, llévanos al cumplimiento de nuestro Bautismo en la resurrección del cuerpo a la vida eterna. Por tu Hijo, Jesucristo, nuestro Señor. Amén.

ORDEN PARA EL BAUTISMO DE URGENCIA

En situaciones urgentes, en ausencia del pastor, cualquier cristiano puede administrar el Santo Bautismo.

Si el tiempo lo permite, lo siguiente puede preceder al Bautismo.

Jesús dijo: "De cierto les digo que el que no reciba el reino de Dios como un niño, no entrará en él. Entonces Jesús tomó a los niños en sus brazos, puso sus manos sobre ellos, y los bendijo." (Marcos 10:15–16)

Dios eterno, Padre de nuestro Señor Jesucristo, da a nombre(s) tu gracia a través del renacimiento por el Espíritu Santo. Recíbelo de acuerdo con tu promesa: "Pidan, y se les dará, busquen, y encontrarán, llamen, y se les abrirá", para que a través de este lavamiento celestial él / ella / ellos puedan recibir el don del Espíritu Santo y el perdón de todos sus pecados y vengan al reino eterno que tú has preparado para él / ella / ellos; a través de Jesucristo nuestro Señor. Amén. (Mateo 7:7)

El Padrenuestro

El Credo Apostólico

Tome agua, llame al niño o al adulto por su nombre y vierta o rocíe el agua sobre la cabeza del candidato mientras dice:

Nombre, yo te bautizo en el nombre del Padre y del Hijo y del Espíritu Santo. Amén.

(El Santo Bautismo administrado por un laico se informará inmediatamente al pastor para que la congregación lo reconozca.)